Germanischer Lloyd

Sechzig Jahre Germanischer Lloyd

1867-1927

Germanischer Lloyd

Sechzig Jahre Germanischer Lloyd

1867-1927

ISBN/EAN: 9783954272877
Erscheinungsjahr: 2013
Erscheinungsort: Bremen, Deutschland

© maritimepress in Europäischer Hochschulverlag GmbH & Co. KG, Fahrenheitstr. 1, 28359 Bremen. Alle Rechte beim Verlag und bei den jeweiligen Lizenzgebern.

www.maritimepress.de | office@maritimepress.de

Bei diesem Titel handelt es sich um den Nachdruck eines historischen, lange vergriffenen Buches. Da elektronische Druckvorlagen für diese Titel nicht existieren, musste auf alte Vorlagen zurückgegriffen werden. Hieraus zwangsläufig resultierende Qualitätsverluste bitten wir zu entschuldigen.

SECHZIG JAHRE

GERMANISCHER LLOYD

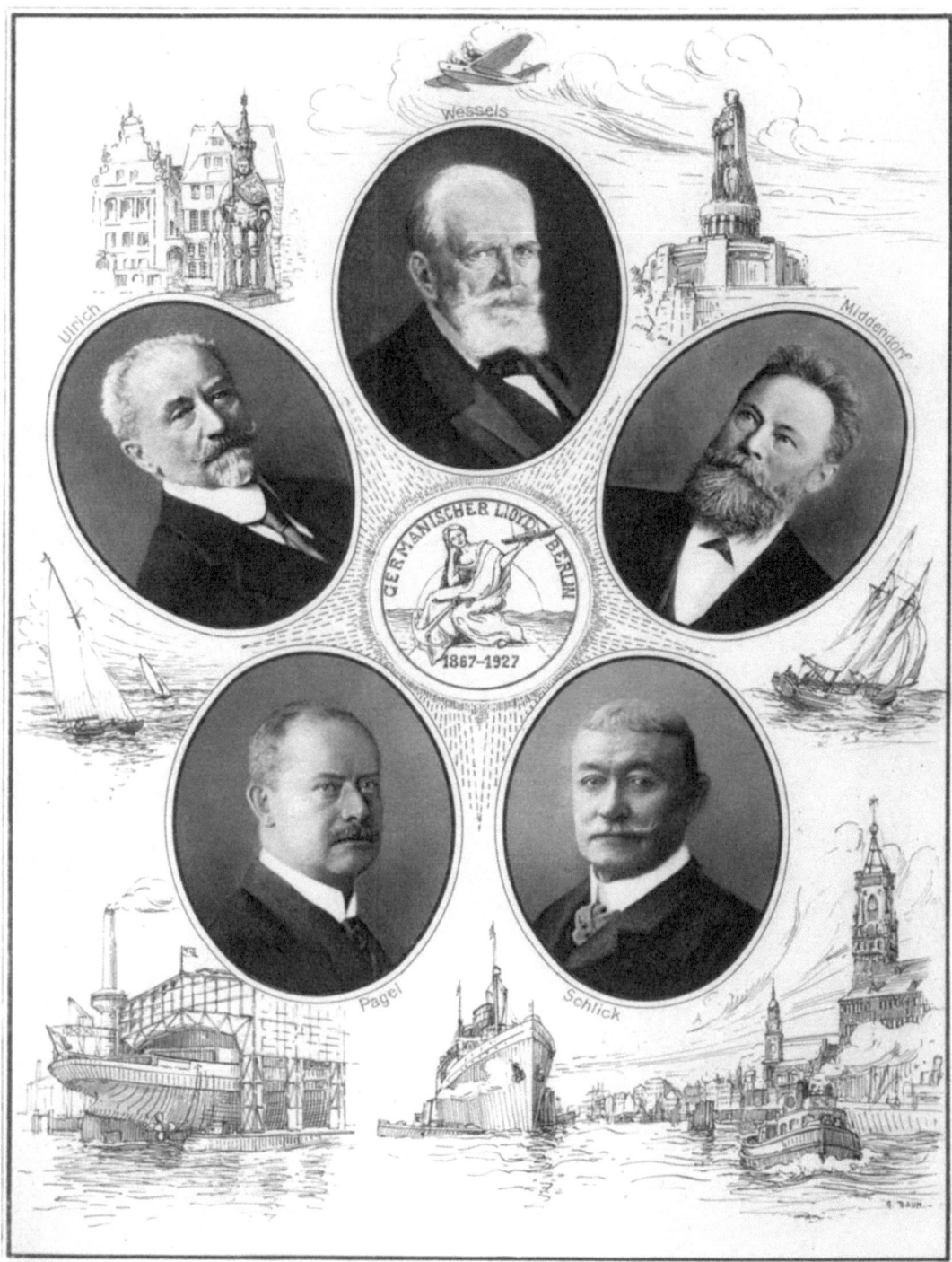

Inhalt

1. Aus der Geschichte des Germanischen Lloyd
2. Festbericht
3. Festrede des Ministerialdirektors a. D., Wirklicher Geheimer Rat v. Jonquières, Exzellenz
4. Begrüßungen am Festabend

> Ansprache des Aufsichtsratsvorsitzenden, Dr. Buff, Bremen Bürgermeister a. D.
>
> Begrüßungstelegramm des Reichsverkehrsministers Dr. Koch, Berlin
>
> Ansprache des Chefs der Marineleitung, Admiral Zenker, Exzellenz, Berlin
>
> Ansprache des Staatssekretärs a. D. Dr. Ing. ehr. Müller, Verwaltungsdirektor der See-Berufsgenossenschaft, Hamburg
>
> Ansprache des Konsul A. Kunstmann, Mitglied des Präsidiums des Verbandes Deutscher Reeder, Stettin
>
> Ansprache Sr. Mg., ord. Prof. Dr. Stavenhagen, Geh. Bergrat, Rektor der Technischen Hochschule, Berlin

Aus der Geschichte des Germanischen Lloyd

*

er 16. März 1867 ist in der Geschichte der deutschen Seeschiffahrt von Bedeutung: an diesem Tage wurde der „Germanische Lloyd" als deutsche Gesellschaft zur Klassifizierung von Schiffen gegründet. Seitdem sind 60 Jahre verflossen, in denen sich der Germanische Lloyd, der auf das engste mit den Schiffbau- und Schiffahrts-Interessen Deutschlands verknüpft ist, zu seiner jetzigen Stellung entwickelt hat.

Wenn auch in schwerer Zeit von dem Erreichten in der deutschen Seeschiffahrt Vieles zusammenbrach, ist doch von neuem unverzagt wieder aufgebaut worden, und auch der Germanische Lloyd darf mit seiner Nachkriegs-Entwicklung (siehe Schaubild Seite 13) wohl zufrieden sein. Er konnte guten Mutes im April ds. Js. den Gedenktag seines 60jährigen Bestehens feiern mit der Gewißheit, daß der bisher beschrittene Weg der richtige war, und mit dem Willen, ihn nicht zu verlassen zum Wohle und Gedeihen deutschen Schiffbaues und deutscher Schiffahrt.

In Dankbarkeit und Verehrung sei jener Führergestalten gedacht, denen es vorbehalten war, der Entwicklung die Wege zu weisen.

FRANZ PAETOW, Vize-Konsul in Rostock, war die Persönlichkeit, die wohl am meisten in Wort und Schrift für die Gründung einer deutschen Gesellschaft zur Klassifizierung von Schiffen eintrat; er setzte seine ganze Kraft für die Erreichung dieses Zieles ein.

In den Jahren 1863 und 1864 veröffentlichte er in der Rostocker Zeitung eine Anzahl Artikel, welche die Notwendigkeit einer Abkehr vom Bureau Veritas dartun sollten. Zu demselben Zwecke legte er 1863 dem Volkswirtschaftlichen Verein zu Rostock eine, den „Lloyd français Veritas" in Paris betreffende Denkschrift vor.

Diese Denkschrift war die Veranlassung zur Erwählung eines Ausschusses zur weiteren Prüfung und Berichterstattung. Auf Grund des Berichtes wurde einstimmig eine Entschließung angenommen, in der die Gründung einer deutschen Gesellschaft zur Klassifizierung von Schiffen für notwendig erklärt wurde.

Ferner erging aus Kreisen der Volkswirtschaft und des Handels in Bremen, Hamburg und Lübeck an Paetow die Aufforderung, seine Ansichten in einer Broschüre niederzulegen. Dies geschah im Jahre 1864 unter dem Titel:

Die Classificirung der Schiffe.
Ein Beitrag zu dem Programme eines „Deutschen Lloyd"
zur Classificirung von Schiffen.

Franz Paetow gehörte dem Gründungskomitee des Germanischen Lloyd an, war Mitglied des Verwaltungsrates und Dirigent der technischen Kommission des Zentral Bureaus und von 1874 an bis 1876 General-Direktor der Gesellschaft. Franz Paetow war eine Kraftnatur, die es verstand, ihre als richtig erkannte Ansicht auch unter den schwierigsten Verhältnissen durchzusetzen.

FRIEDRICH SCHÜLER, Schiffbaumeister aus Stettin, kann das große Verdienst für sich in Anspruch nehmen, als erster brauchbare Bauvorschriften für hölzerne Schiffe aufgestellt zu haben, die, soweit der Holzschiffbau in Frage kommt, vorbildlich für die Bauvorschriften aller anderen Klassifikationsgesellschaften geworden sind. Er bewies an Hand von Beispielen, daß die damals gebräuchlichen Methoden zur Bestimmung der Verbände nicht zum Ziele führten, und stellte ein neues System auf, das im großen und ganzen auch heute noch nicht übertroffen ist.

Schüler, der zugleich Reichs-Schiffsvermessungs-Inspektor war, gehörte dem Gründungskomitee an, war Dirigent der technischen Kommission und wurde von 1878 an im Register als General-Direktor geführt. Dieses Amt bekleidete er bis zur Umwandlung des Germanischen Lloyd in eine Aktiengesellschaft, wonach er in den Ruhestand trat.

JOHANN FRIEDRICH WESSELS, Senator in Bremen, gehörte dem Aufsichtsrate der Gesellschaft nach ihrer Umwandlung an und war vom Jahre 1893 bis zu seinem Tode am 9. September 1919 Vorsitzender des Aufsichtsrates. Wessels gehörte auch zu den Männern, die 1888 die Gründung der See-Berufsgenossenschaft vollzogen haben, und hat seit dieser Zeit ununterbrochen dem Genossenschaftsvorstande angehört. Er hatte sich in einem arbeitsreichen Leben hervorragende Verdienste nicht nur um die See-Berufsgenossenschaft, sondern um die gesamte deutsche Reederei erworben. Der Germanische Lloyd hatte das Glück, daß eine Kraft wie Wessels mit seinen reichen Erfahrungen den Vorsitz in seinem Aufsichtsrat übernahm und ihm mit Rat und Tat jederzeit treu zur Seite stand. Seine außerordentlich große Liebenswürdigkeit, sein stets das Richtige treffender Sachverstand, seine Einsicht des gereiften Alters, seine vornehme Großzügigkeit machten ihn besonders befähigt, Differenzen in einer alle Beteiligten befriedigenden Weise auszugleichen. Wessels' Scharfblick für Persönlichkeiten ist die Wahl von Middendorf zum technischen Direktor des Germanischen Lloyd zu danken, obwohl Wessels damals noch nicht Vorsitzender des Aufsichtsrates war. Auch die Wahl von Middendorfs Nachfolger, Pagel, ist ihm zu danken. Sein größtes Verdienst aber ist die Mitwirkung an der Verbindung der See-Berufsgenossenschaft mit dem Germanischen Lloyd, für den er Zeit seines Lebens immer wieder aufs wärmste eingetreten ist.

RUDOLF ULRICH wurde bei der Umwandlung des Germanischen Lloyd in eine Aktiengesellschaft als hervorragende, kaufmännische und administrative, Kraft an dessen Spitze berufen. Er war für den Posten eines Verwaltungsdirektors des Germanischen Lloyd, den er bis zu seinem 1922 erfolgten Tode innehatte, besonders geeignet, da er als Generalsekretär des Internationalen Transportversicherungsverbandes zugleich die für den Germanischen Lloyd so wichtigen Beziehungen zu den Versicherern besaß.

FRIEDRICH MIDDENDORF wurde nach einer reichen praktischen Tätigkeit im Jahre 1890 zum technischen Direktor des Germanischen Lloyd berufen.

Mit großem Takt und mit großer Tatkraft führte er die Verhandlungen mit der Regierung, mit den Behörden und Reedern. Ihm fiel zunächst die schwierige, aber dankbare Aufgabe zu, neben einem durchgreifenden Aufbau der Außenvertretungen den Bauvorschriften für eiserne und stählerne Schiffe eine wissenschaftliche Grundlage zu geben, damit der Germanische Lloyd unter den anderen großen ausländischen Klassifikationsgesellschaften als gleichberechtigt erscheinen konnte. Was er in dieser Richtung geschaffen hat, ist auf allen Seiten als sein bleibendes Verdienst anerkannt; die vaterländische Handelsmarine wird ihm dafür stets zu Danke verpflichtet bleiben. Bei allen den Schiffbau oder den Schiffahrtsbetrieb betreffenden Fragen wurde Middendorf zu Rate gezogen. Von ihm stammen unter anderen die von der deutschen See-Berufsgenossenschaft herausgegebenen gesetzlichen Vorschriften über Zahl und Bauart der wasserdichten Schotte. Ganz besonders hat er sich in den letzten Jahren seines Lebens verdient gemacht durch die unter seiner Leitung erfolgte Sammlung und Bearbeitung des umfangreichen Materials zur Aufstellung von Vorschriften für die Festlegung einer Tiefladelinie, welche die deutsche See-Berufsgenossenschaft im Jahre 1903 unverändert angenommen hat.

Auch wissenschaftlich hat Middendorf sich rühmlich betätigt. Seine Arbeiten über den Schiffswiderstand und die Bestimmung der Maschinenstärke sind allgemein bekannt. Eine fühlbare Lücke in der Fachliteratur füllt sein letztes Werk über die Bemastung und Takelage der Segelschiffe aus.

Middendorf starb mitten in der Arbeit am 12. Februar 1903, an einem jähen Herzschlage.

OTTO SCHLICK. Gelegentlich des Übertrittes der Hamburger Reeder von dem Bureau Veritas zum Germanischen Lloyd im Jahre 1896 wurde Schlick die Vertretung des Germanischen Lloyd in Hamburg übertragen, die er bis zu seinem aus Gesundheitsrücksichten verursachten Rücktritt im Jahre 1908 verwaltete, nachdem er im Jahre 1903 zum technischen Direktor des Germanischen Lloyd berufen worden war. Schlick war Spezialist im praktischen Eisenschiffbau. Seine hervorragendsten Arbeiten, durch die er seinen Ruf erwarb, bewegten sich jedoch auf dem Gebiet der Vibrationserscheinungen auf Dampfern, und ihm verdankt der Schiffsmaschinenbau die Ausbildung des Massenausgleichsverfahrens. Zur Messung und graphischen Darstellung der Vibrationen erdachte Schlick den Pallographen. Bis in die letzten Tage seines Lebens arbeitete Schlick an der wissenschaftlichen Erforschung und praktischen Überwindung der störenden Schiffsvibrationen.

Seine populärste Erfindung ist der Schiffskreisel.

Vor der Schiffbautechnischen Gesellschaft, vor der Institution of Naval Architects in London und in zahlreichen Fachzeitschriften hat Schlick über die Ergebnisse seiner Studien berichtet. Er ist auch der Verfasser eines Handbuches für den Schiffbau sowie eines Werkes über den Eisenschiffbau. – Die Münchener Technische Hochschule ernannte ihn im Jahre 1907 zum Doktor-Ingenieur ehrenhalber.

CARL PAGEL war Inhaber des Lehrstuhles für praktischen Schiffbau an der Technischen Hochschule in Berlin, als er am 1. Juli 1903 zum Nachfolger Middendorfs in den Vorstand des Germanischen Lloyd berufen wurde. In unermüdlicher Arbeit hat Pagel den Germanischen Lloyd zu immer größerer Bedeutung und Anerkennung im Inlande wie im Auslande geführt. Auf die fortschrittliche Entwicklung des Eisenschiffbaues in den letzten zwei Jahrzehnten ist er von hervorragendem Einfluß gewesen. Die zahlreichen Neuausgaben der Bauvorschriften für flußeiserne Seeschiffe, die unter ihm entstanden sind, und von denen jede Einzelne Neuerungen und Fortschritte brachte, geben ein Bild von der Arbeit, die er auf diesem Gebiete geleistet hat. Als im Jahre 1907 in Paris die Bauvorschriften für Jachten der internationalen Rennklassen festgelegt wurden, nahm er an den Verhandlungen mit den ausländischen Klassifikationsgesellschaften entscheidenden Anteil.

Die Fragen der Unfallverhütung, des Freibordes, der Unsinkbarkeit und der Stabilität beherrschte er ebenso sicher wie die Fragen, die in das engere Gebiet des Germanischen Lloyd fallen. Bei den Verhandlungen mit den Engländern im Jahre 1907 über die Angleichung der deutschen und englischen Freibord-Vorschriften ist er von maßgeblichem Einfluß gewesen.

Im April 1908 wurde er vom Staatssekretär des Innern aufgefordert, als amtlicher technischer Vertreter des Deutschen Reiches nach Paris zu gehen, um an dem Schiffahrts-Abkommen zwischen Deutschland und Frankreich mitzuwirken. Ihm ist in der Hauptsache die glückliche Lösung dieser Frage zu danken.

Die bedeutsamsten Leistungen Pagels liegen auf dem Gebiete der wasserdichten Unterteilung der Passagierschiffe. Schon im Jahre 1906/07 wurde unter seiner Mitwirkung eine grundlegende Änderung der Schottvorschriften der See-Berufsgenossenschaft nach der Richtung vorgenommen, daß Fracht-Passagierschiffe mit wenigen Passagieren unter dem Schottendeck weniger strengen Bedingungen als bis dahin unterworfen werden. Nach der Titanic-Katastrophe wurde er dazu ausersehen, dem damaligen deutschen Kaiser im Mai 1912 Vortrag über die Sicherung gegen das Sinken havarierter Passagierdampfer zu halten und Vorschläge über die Verbesserung der bisherigen Schottvorschriften zu machen. Er wurde dann von der deutschen Regierung als Delegierter 1913/14 zu der Titanic-Konferenz nach London geschickt und hat auch den Internationalen Vertrag zum Schutze des menschlichen Lebens auf See mit unterzeichnet. Während des Krieges wurde er zum technischen Beirat der vom Reich gegründeten Deutschen Versicherungsbank berufen. Von Bedeutung war auch seine Tätigkeit als Mitglied des Senates im Ausschuß für den Wiederaufbau der Handelsflotte.

Bei Gelegenheit der Feier des 25 jährigen Bestehens der Schiffbautechnischen Gesellschaft, deren Vorstand er 20 Jahre angehörte, wurde ihm die Würde eines Doktor-Ingenieurs ehrenhalber verliehen.

Unerwartet in der Vollkraft seines Schaffens wurde er im November 1925 dahingerafft, hochgeschätzt als Mensch und Fachmann von Allen, die ihm näherstanden.

Entwickelung der deutschen Seehandelsflotte
und des Germanischen Lloyd
A Deutsche Seehandelsflotte
B vom Germanischen Lloyd klassifizierte deutsche und ausländische Schiffe
C vom Germanischen Lloyd klassifizierte deutsche Schiffe
Millionen Br.-R.-T.
0
0,5
1,0
1,5
2,0
2,5
3,0
3,5
4,0
4,5
5,0
5,5
1870
1880
1890
1900
1910
1914
1920
1927
A
B
C

Hundertsatz der vom Germanischen Lloyd klassifizierten deutschen Schiffe
v. H.
0
20
40
60
80
100
1870
1880
1890
1900
1910
1914
1920
1927

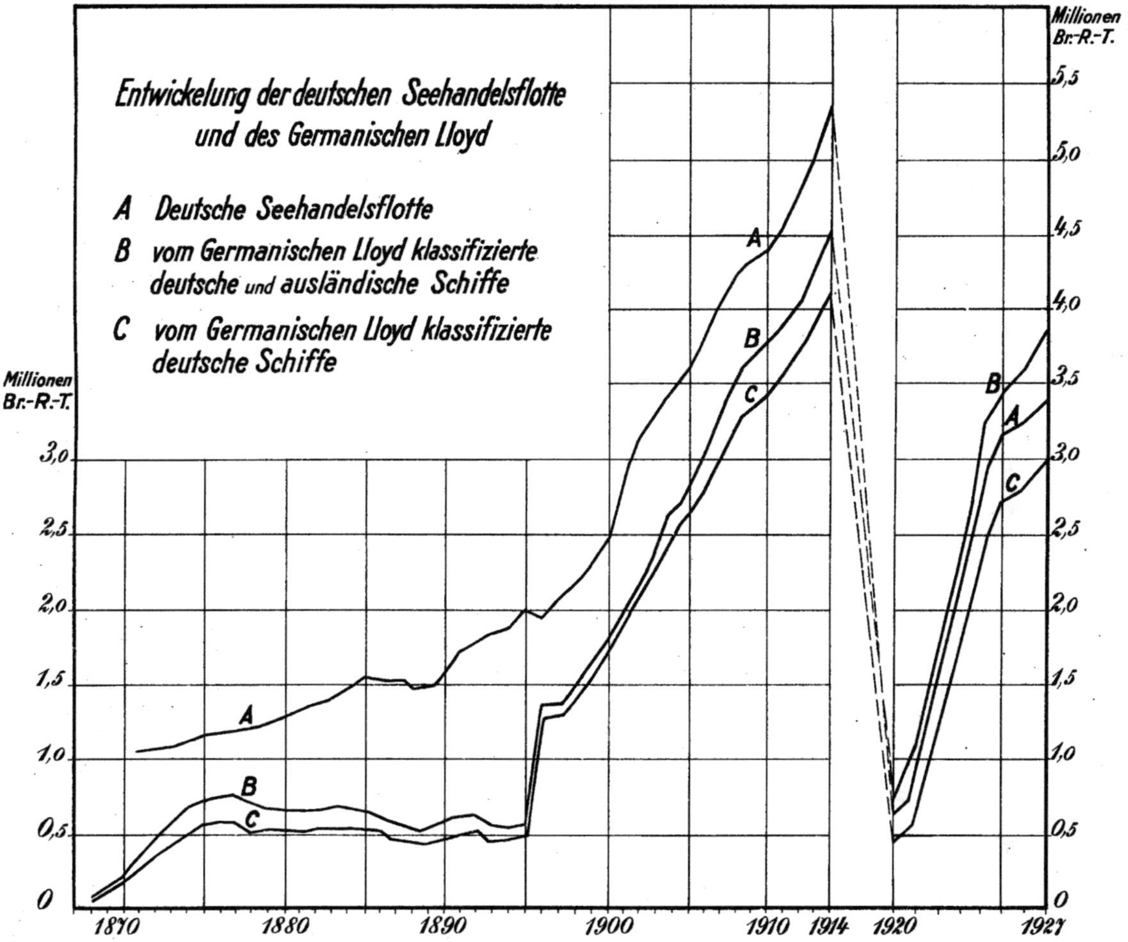

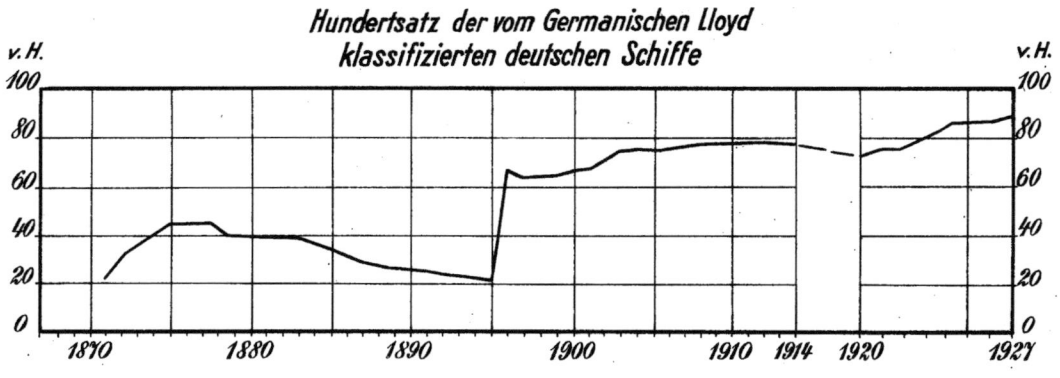

Festbericht.

*

Am 7. April 1927 beging der Germanische Lloyd in den Festräumen des Hotel Esplanade in Berlin die Feier seines sechzigjährigen Bestehens. Es waren dabei folgende Behörden und Verbände vertreten:

    Das Reichsverkehrsministerium
    Das Reichswehrministerium
    Das Reichsarbeitsministerium
    Das Auswärtige Amt
    Das Preussische Ministerium für Handel und Gewerbe
    Das Statistische Reichsamt
    Das Reichsversicherungsamt
    Das Reichskommissariat für Seeschiffsvermessungen
    Die See-Berufsgenossenschaft, Hamburg
    Die Unfallgenossenschaft Freie Stadt Danzig
    Der Verband Deutscher Reeder
    Der Deutsche Nautische Verein
    Die Technische Hochschule in Berlin-Charlottenburg
    Der Verein Deutscher Schiffswerften
    Der Verein der Flußschiffswerften
    Der Verein Deutscher Eisenhüttenleute
    Der Verein Deutscher Ingenieure
    Die Wissenschaftliche Gesellschaft für Luftfahrt
    Der Luftfahrtverband
    Der Deutsche Transport-Versicherungs-Verband.

Die einleitende Festrede hielt Ministerialdirektor a. D. Wirklicher Geheimer Rat Exzellenz von Jonquières.

Die Begrüßungsansprache hielt Herr Bürgermeister a. D. Dr. jur. Clemens Buff, Bremen, Vorsitzender des Aufsichtsrates.

Der Herr Reichsverkehrsminister Dr. W. Koch, der am persönlichen Erscheinen verhindert war, sandte das auf Seite 36 wiedergegebene Begrüßungstelegramm.

An der Festtafel wurden Ansprachen gehalten von den Herren Admiral Zenker, Exzellenz, Chef der Marineleitung des Reichswehrministeriums, Berlin; Staatssekretär a. D. Dr. ing. ehr. Müller, Verwaltungsdirektor der See-Berufsgenossenschaft Hamburg; Konsul Kunstmann; Mitglied des Beirates des Verbandes Deutscher Reeder, Stettin; Geheimer Bergrat ord. Professor Dr. Stavenhagen, Magnifizenz, Rektor der Technischen Hochschule, Berlin.

Zu der Feier sind eine große Anzahl von Telegrammen und Briefen, vielfach verbunden mit Blumenspenden, eingegangen. Ferner haben eine große Anzahl von Zeitschriften und Zeitungen Festberichte gebracht.

In folgenden Fachzeitschriften erschienen größere Aufsätze:

>   Deutsche Schiffahrtszeitschrift »Hansa« vom 2. April 1927
>   »Schiffbau« vom 6. April 1927
>   »Werft, Reederei, Hafen« vom 7. April 1927
>   »V.D.I. Nachrichten, Mitteilungen des Vereins Deutscher Ingenieure und des Deutschen Verbandes Technisch-Wissenschaftlicher Vereine« vom 6. April 1927
>   »Neumanns Zeitschrift für Versicherungswesen« v. 6. April 1927.

*

Festrede, gehalten von
Ministerialdirektor a. D. Wirklicher Geheimer Rat v. Jonquières, Exzellenz

*

eine sehr verehrten Herren! Wenn ich anläßlich des 60 jährigen Bestehens des Germanischen Lloyd ersucht worden bin, Ihnen zum Eingang der heutigen Feier, die, wie ich höre, ein Ersatz für das in die Kriegszeit gefallene 50 jährige Jubiläum darstellen soll, einen kurzen Rückblick über den Werdegang des Jubilars zu geben, so komme ich dieser Aufforderung gern nach. Habe ich doch annähernd vier Jahrzehnte hindurch in meiner amtlichen Stellung das Schicksal und die Entwicklung des Unternehmens, teilweise unter unmittelbarer tätiger Anteilnahme verfolgt. Als Referent für Seeschiffahrtsfragen im Reichsamt des Innern und später als Leiter der betreffenden Abteilung im Reichsamt des Innern und im Reichswirtschaftsministerium bin ich schon früh in die Lage gekommen, mich auch mit den Verhältnissen des Germanischen Lloyd besonders zu beschäftigen. Sie werden es daher verstehen, wenn ich bei meinen Ausführungen die Beziehungen des Lloyd zur Reichsverwaltung in den Vordergrund stelle und als Nichttechniker auf die technischen Gesichtspunkte weniger eingehe.

Meine Herren! Der Germanische Lloyd ist im Jahre 1867 am 16. März als Schiffsklassifikationsanstalt gegründet. Sie wissen, welche Zwecke die Schiffsklassifikation verfolgt. Begrifflich bedeutet sie die Feststellung und Würdigung des baulichen Zustandes des Schiffes und des Zustandes seiner Ausrüstung und dessen Anerkennung durch Erteilung einer Klasse, über die eine Urkunde, das Klassifikationszertifikat, ausgestellt wird. Sie soll in erster Linie dazu dienen, den Interessenten im Erwerbsleben, für die der gute bauliche Zustand des Schiffes von entscheidender Bedeutung ist, hierüber Gewißheit zu verschaffen, d. h. neben den Eigentümern des Schiffes, den Reedern, den Verladern und Versicherern. Um dem Schiffe Frachtgüter anzuvertrauen, muß der Verlader gewiß sein, daß es seetüchtig ist, und daß er für seine Sendung von der Assekuranz die erforderliche Versicherung erhält, und der Assekuradeur muß seinerseits sicher sein, daß er die Versicherung von Schiff und Ladung ohne zu große Gefahr übernehmen kann; und das hängt wesentlich von dem durch die Klasse bescheinigten Bauzustande des Schiffes ab.

Zur Sicherstellung des ordnungsmäßigen Bauzustandes erläßt die Schiffsklassifikationsanstalt Bauvorschriften für den Neubau und dessen Erhaltung. Sie überwacht den Bau durch ihre Experten und kontrolliert die Aufrechterhaltung des ordnungsmäßigen Zustandes durch periodische Untersuchungen, von deren Ergebnis die Aufrechterhaltung bzw. Verlängerung der stets für eine bestimmte Zeit erteilten Klasse abhängig ist. Den interessierten Erwerbskreisen werden die Ergebnisse der Klassifikation durch Register, die die erforderlichen Angaben für jedes klassifizierte Schiff enthalten, zugängig gemacht.

Naturgemäß hat die Schiffsklassifikation durch diese Tätigkeit, insbesondere durch ihre Bauvorschriften, einen gewaltigen Einfluß auf den Schiffbau, auf den sie einen gewissen Zwang ausübt, dem sie aber andererseits durch diese Bauvorschriften die Konstruktionsarbeiten wesentlich erleichtert.

Daß eine solche Schiffsklassifikationsanstalt von erheblicher wirtschaftlicher Bedeutung ist, liegt auf der Hand, ebenso, daß die dabei zusammentreffenden wirtschaftlichen Interessen der Werften, Reeder, Verlader und Versicherer leicht kollidieren können und deshalb ausgeglichen werden müssen, eine Aufgabe, die von der Leitung der Schiffsklassifikationsanstalt nicht nur technische Befähigung, sondern auch wirtschaftliches Verständnis erfordert.

Das aus Vorstehendem sich ergebende wirtschaftliche Bedürfnis des Schiffahrtsverkehrs nach Einrichtungen für die Schiffsklassifikation führte schon bald zur Errichtung entsprechender Anstalten in den wichtigsten Seestaaten, die durchweg von den

Interessenten als private Unternehmungen ohne Beteiligung der Staatsregierungen organisiert wurden. Neben einer gewissen Zahl für den internationalen Verkehr weniger in Betracht kommender Klassifikationsregister in Norwegen, Italien, den Vereinigten Staaten von Amerika, gewannen im Laufe des vorigen Jahrhunderts der Britische Lloyd und das Pariser Bureau Veritas überwiegende Bedeutung. Daß das englische Institut, das die größte Handelsflotte der Welt hinter sich hatte, im Vordergrunde stand, war natürlich. Auffallen aber muß es, daß die im Binnenlande domizilierte französische Aktiengesellschaft des Bureau Veritas einen so ungewöhnlichen Geschäftsumfang erreichen konnte, der durch die französischen Schiffahrtsverhältnisse allein nicht zu erklären war. Gewiß hat hierzu die in jener Zeit überragende Stellung Frankeichs und insbesondere Paris im ganzen internationalen Leben beigetragen, mitbestimmend war aber jedenfalls auch die Art der Geschäftspraxis. Denn das Bureau Veritas war tatsächlich in erster Linie den Interessen der internationalen Assekuranz gewidmet, hinter denen diejenigen der Reeder stark zurücktreten mußten. Die Versicherungsinteressenten hatten auch in der Organisation des Instituts eine vorherrschende Stellung. So waren Experten der Versicherungsgesellschaften zugleich die Experten des Bureau Veritas. In der Internationalität ihrer Geschäftsgebarung lag die Stärke des Pariser Veritas, die auch Deutschland gegenüber darin zum Ausdruck kam, daß die deutschen Seeschiffe ganz überwiegend bei Veritas klassifiziert wurden. Die unzweifelhafte internationale Anerkennung ihrer Klassifikationsatteste war insbesondere auch für die hamburgische Reederei der Grund, im Gegensatze zu anderen deutschen Reedereien, an diesem Institut mit Ausdauer festzuhalten. Gegen die Geschäftstätigkeit des Bureau Veritas griff aber in den 60er Jahren des vorigen Jahrhunderts in weiten deutschen Wirtschafts- insbesondere Reedereikreisen eine ernste Mißstimmung um sich. Diese Kreise fühlten sich durch die weitgehenden Anforderungen der Veritas im Interesse der Assekuranz bedrückt, klagten über zu hohe Gebühren, die in der Hauptsache dem riesigen Personal des ausländischen Institutes zugute kämen, empfanden den Einfluß der fremden Gesellschaft auf den deutschen Schiffbau als gefährlichen Druck und wurden von dem nationalen Wunsche beseelt, sich von dem französischen Institut unabhängig zu machen. Diese Beunruhigung führte im Jahre 1867 zur Gründung einer auf genossenschaftlicher Grundlage beruhenden eigenen deutschen Schiffsklassifikationsanstalt, des Germanischen Lloyd, unseres heutigen Jubilars. Die neue Gesellschaft hatte begreiflicherweise besonders im Auge, den Klagen der beteiligten Reeder abzuhelfen. An der Spitze stand zwar ein einzelner Hamburger Reeder, Behn, und dies hatte zur Folge, daß der Sitz der Gesellschaft zunächst nach Hamburg gelegt wurde. Bereits nach Jahresfrist trat aber der Rostocker Reeder Paetow an die Stelle Behns; der Sitz der Gesellschaft wurde, wieder aus persönlichen Gründen, nach Rostock verlegt und verblieb dort, bis er nach Gründung des Deutschen Reiches in die Reichshauptstadt hinübersiedelte. Sachlich hat die Hamburger Reederei in jenen Zeiten niemals hinter dem Germanischen Loyd gestanden, sie blieb vielmehr überzeugte Anhängerin der Veritas. Bremen und die kleineren deutschen, namentlich die Ostseereedereien, bildeten die Stütze der neuen Gesellschaft.

Von Rostock aus konnte natürlich der Germanische Loyd sein Ziel, ein zum mindesten die gesamte deutsche Handelsflotte umfassendes, im internationalen Verkehr anerkanntes Schiffsklassifikationsinstitut zu werden, nicht erreichen, und auch die Verlegung des Sitzes nach Berlin konnte hieran nichts ändern, zumal darin für die Hamburger Reederei, die sich nie gern von Berlin aus regieren ließ, kein Anreiz lag, sich dem Institut anzuschließen. Den Hamburger Interessen war weit mehr dadurch gedient, daß das Bureau Veritas Hamburg eine selbständige, zur unmittelbaren Ausstellung der Klassifikationsatteste befugte Abteilung unter Leitung des Schiffbauingenieurs Schlick einräumte und Herrn Adolph Woermann in den Aufsichtsrat aufnahm. Die Verhältnisse des Germanischen Lloyd gingen deshalb allmählich zurück und lagen auch finanziell sehr traurig, als ich im Jahre 1888 zum ersten Male dienstlich mit ihnen befaßt wurde. Zu jenem Zeitpunkte war die Lage der deutschen Schiffsklassifikation, insbesondere das Verhältnis zwischen dem Germanischen Lloyd und dem Bureau Veritas, bei der Reichsverwaltung zum Vortrag gebracht worden; das

Reichsamt des Innern als zuständiges Reichsressorts, trat der Sache näher und stellte nach Vorverhandlungen mit der Leitung des Germanischen Lloyd durch eine Kommission von Sachverständigen und Interessenten eine Untersuchung darüber an, auf welchem Wege die Gesundung herbeigeführt werden könne. Ich war damals Schriftführer dieser Kommission. Bei den Erörterungen kamen natürlich auch die gegen den Germanischen Lloyd als Organisation und in seiner Geschäftsführung geltend zu machenden Bedenken, die sehr stark von hamburgischer Seite vertreten wurden, zur Sprache. Der Hauptvorwurf war, daß der Germanische Lloyd zu einseitig die Reederei-Interessen im Auge hatte, diejenigen der Assekuranz vernachlässige, daß er vermöge seiner Organisation und bei mangelnder Kapitalkraft nicht in der Lage sei, sich internationale Anerkennung zu verschaffen, daß aber der großen überseeischen Reederei nur mit einem Institut gedient sei, dessen Klassen im internationalen Verkehr, insbesondere auf dem internationalen Versicherungsmarkt unbedingte Anerkennung besitzen, wie dies bei der Veritas der Fall sei. Die hamburgischen Vertreter waren deshalb grundsätzlich gegen die Errichtung eines eigenen deutschen Klassifikationsinstitutes, das dieser Anforderung nicht genügen könne, sondern für Aufgehen des Germanischen Lloyd als deutsche Abteilung in dem internationalen Bureau Veritas. An dem hamburgischen Standpunkte war soviel richtig, daß, wenn aus dem Germanischen Lloyd etwas Ordentliches werden sollte, er die Voraussetzungen für internationale Geltung erfüllen müßte. Zu dem Zwecke bedurfte es aber nach Ansicht der Mehrheit der Kommission nur einer wesentlichen Änderung seiner Organisation, die zweifellos den Versicherungsinteressen nicht genug Rechnung trug. Es wurde deshalb auf Grund der Kommissionsverhandlungen und im Einverständnis mit der Reichsverwaltung neben dem bisherigen alleinigen technischen Direktor Schüler ein kaufmännischer Verwaltungsdirektor eingesetzt in der Person des damaligen Generalsekretärs des Internationalen Transportversicherungs-Verbandes, Herrn Ulrich, wodurch insbesondere auch die Wahrung der Versicherungsinteressen gewährleistet wurde. Die Gesellschaft wurde in die Form einer Aktiengesellschaft umgewandelt, der gemeinnützige Charakter aber durch die Bestimmung gewahrt, daß nicht mehr als 5 % Dividende verteilt werden durften. Die Regierung betätigte ihr Interesse an der Unabhängigmachung der deutschen Handelsflotte von der ausländischen Schiffsklassifikation durch Gewährung einer finanziellen Beihilfe. Eine sachliche Aufsichtsbefugnis nahm sie nicht in Anspruch, beließ es vielmehr bei voller Selbstverwaltung. Die Beihilfe mußte zunächst aus dem Dispositionsfonds des Reichskanzlers gezahlt werden. Und bei der Genauigkeit, mit der sich in jener Zeit der Reichskanzler Fürst Bismarck um wesentliche Dinge in allen ihm unterstehenden Reichsressorts kümmerte, und bei dem großen Gewicht, das er in allen Seeschiffahrtsfragen der Stimme Hamburgs, der größten deutschen Seestadt und, von Friedrichsruhe aus gesehen, seiner Nachbarstadt beilegte, war es nicht von vornherein sicher, ob er trotz der ablehnenden Haltung der hamburgischen Reedereikreise, die zuvörderst bestehen blieb, die Summen bewilligen würde. Immerhin, es gelang. Die verhältnismäßig geringe Summe von 20000 Mk. jährlich wurde bewilligt, der Germanische Lloyd kam über seine dringendsten finanziellen Schwierigkeiten hinweg und unterstand, nunmehr auch im Einzelnen entsprechend reorganisiert, einer Verwaltung, die sich bemühte, den von Hamburg vertretenen Prinzipien Rechnung zu tragen. Gleichwohl konnte das Ziel selbst nicht erreicht werden, solange Hamburgs Schiffahrtskreise sich nicht vollständig auf die Seite des reorganisierten Unternehmens stellten. Noch im Jahre 1890 hatte der Germanische Lloyd nur 590000 Bruttoregistertonnen Schiffe klassifiziert gegenüber 4200000 Tonnen des Bureau Veritas und mit 465000 Tons deutscher Schiffe nur 29 % der deutschen Handelsflotte.

Da brachte im Jahre 1895 eine Katastrophe die Wendung. Es war der am 30. Januar erfolgte Untergang des deutschen Schnelldampfers »Elbe« durch Kollision mit dem englischen Kohlendampfer »Crathie«, bei dem eine große Zahl von Menschenleben verloren ging.

Ich muß hier folgendes einschalten: Bei gewissen Persönlichkeiten innerhalb der Reichsverwaltung war in den letzten Jahren das Bestreben hervorgetreten, die Sicherheit der überseeischen Personenschiffahrt unter staatliche Überwachung zu stellen. Von dem Vorsitzenden des Schiffsvermessungsamtes, einem aus der Marine hervorgegangenen angesehenen Schiffbautechniker, wurde dieser Standpunkt lebhaft vertreten, und die Reichsverwaltung konnte nicht umhin — obwohl ihr daraus von der Schiffahrtswelt ein Vorwurf gemacht worden ist — die von ihm entwickelten Gedanken in einem Rundschreiben an die Regierungen der Bundesstaaten zur Prüfung von dieser Seite zu stellen und damit auch den Schiffahrtskreisen Gelegenheit zu geben, in dieser einschneidenden Frage Stellung zu nehmen. Die Befragten wiesen den Gedanken einer solchen Staatsaufsicht einmütig und mit allem Nachdruck zurück. Die Reichsverwaltung würdigte die erhobenen Einwendungen und ließ den Gedanken der Staatskontrolle bis auf weiteres fallen. Andererseits erkannte die See-Berufsgenossenschaft, deren unvergeßlicher erster Vorsitzender Karl Ferd. Laeisz gerade als solcher aufs schärfste gegen die Staatsaufsicht protestiert hatte, daß die See-Berufsgenossenschaft im Wege der Unfallverhütungsvorschriften manches zur Erhöhung der Sicherheit der Passagiere tun könne, wenn auch bei ihrer gesetzlichen Befugnis zum Erlaß von Unfallverhütungsvorschriften zunächst nur an die Sicherheit der Versicherten der See-Berufsgenossenschaft, d. h. der Schiffsbesatzungen gedacht war. Um den vielseitigen Aufgaben in der Richtung der Unfallverhütung technisch gerecht werden zu können, bedurfte aber die See-Berufsgenossenschaft eines mit allen erforderlichen Mitteln, insbesondere auch dem notwendigen technischen Personal ausgestatteten Hilfsorgans. Dieses fand sie in dem Germanischen Lloyd, dessen Dienste sie sich durch einen im November 1894 abgeschlossenen Vertrag sicherte. Das Bestehen dieser Verbindung kam der Lösung der mit dem Unfall der »Elbe« zusammenhängenden Fragen zugute. Dieser mit seinen erschütternden Folgen führte zu der am 9. Febr. 1895 im Plenum des Reichstages verhandelten Interpellation Stumm betreffend die Verhütung des Verlustes von Menschenleben bei Seegefahr, bei der der Interpellant es unverständlich fand, daß im Gegensatz zu allen Landbauten und Fabrikeinrichtungen die Konstruktion von Seeschiffen sich außerhalb jeder staatlichen Einrichtung und

Beaufsichtigung befinde, und die Unterstellung der Sicherheit der Seeschiffe in bezug auf Bau und Ausrüstung unter eine staatliche Behörde und zwar eine Reichsbehörde verlangte. Der Herr Reichskanzler Fürst Hohenlohe konnte in seiner formulierten Erklärung auf die Interpellation nach Hinweis auf die Unfallverhütungsvorschriften der See-Berufsgenossenschaft hinzufügen:

> »Es ist zu einer weiteren Ausbildung dieser Vorschriften von seiten der Reichsverwaltung die Anregung gegeben und eine Kontrolle über die Beobachtung derselben dadurch hergestellt, daß zufolge eines Abkommens zwischen der See-Berufsgenossenschaft und dem Schiffsklassifikationsinstitut »Germanischer Lloyd« der letztere sich verpflichtet hat, durch seine Organe den Schiffbau zu überwachen. Auf diesem Wege wird sich die Einführung einer Reichskontrolle über den Schiffbau, gegen welche sich die Regierungen der Bundesseestaaten in Übereinstimmung mit den Interessentenkreisen ausgesprochen haben, und welche eine recht kostspielige Organisation erforderlich machen würde, voraussichtlich als unnötig erweisen. Sollten dabei sich gleichwohl Mängel ergeben, so werden sich die Regierungen der Einführung einer staatlichen Überwachung des Schiffbaues nicht entziehen können.«

Der Minister von Boetticher ist dann in der anschließenden Erörterung auf alle einschlägigen Punkte, namentlich auch auf die Frage, ob man in den Klassifikationsinstituten geeignete Organe zur Sicherstellung der Seetüchtigkeit der Schiffe besitze, und auf die Vertrauenswürdigkeit des Germanischen Lloyd im besonderen ausführlich eingegangen und hat diese Fragen unbedingt bejaht.

Im zeitlichen Anschluß an diese Reichstagsinterpellation und zugleich durch den Umstand veranlaßt, daß ein Mitglied des französischen Auswärtigen Ministeriums in den Aufsichtsrat des Bureau Veritas aufgenommen wurde, was Herrn Woermann zum Ausscheiden bestimmte, wurden zwischen dem Germanischen Lloyd und dem Verein Hamburger Reeder Verhandlungen über den Anschluß der Hamburger

Reedereien an das deutsche Schiffsklassifikationsinstitut eingeleitet. Unter der Bedingung, daß der Germanische Lloyd auf eine Verstaatlichung nicht eingehe, sondern seine volle Selbständigkeit als Klassifikationsinstitut bewahre, daß die hamburgische Abteilung der Veritas mit ihrer bisherigen Selbständigkeit von ihm übernommen werde, Hamburg durch Eintritt zweier prominenter Persönlichkeiten in den Aufsichtsrat den gebührenden Einfluß in der Verwaltung des Germanischen Lloyd erhielt, traten sofort 55 Firmen mit 366 Schiffen von etwa 845 000 Brutto-Registertonnen zum Germanischen Lloyd über, denen demnächst weitere hamburgische Reeder folgten. Durch diesen Schritt der Hamburger Reedereien wurde der Germanische Lloyd mit einem Schlage auf eine ganz andere Basis gestellt. Er erhielt nicht nur eine breite materielle Unterlage für die zu übernehmenden Aufgaben, sondern vor allem auch das nötige Ansehen nach außen, das er ohne Hamburg nie hätte erlangen können. Wenn den Hamburgern eine selbständige Abteilung des Lloyd in Hamburg vorbehalten blieb, wie ihnen solche ja bereits von dem Pariser Bureau Veritas zugestanden war — der Leiter der Veritas-Abteilung, Ingenieur Schlick trat zum Germanischen Lloyd über — so hat sich dieses Zugeständnis im Laufe der verflossenen Jahrzehnte durchaus bewährt.

Außerordentlich wichtig war, daß der zuletzt eingenommene Standpunkt der Reichsverwaltung, die Sorge für die Sicherheit der schiffbaulichen Einrichtungen nicht in die Hand staatlicher Behörden zu legen, sondern sie den Selbstverwaltungsorganen, See-Berufsgenossenschaft und Germanischer Lloyd, zu überlassen, durch die »Elbe«-Katastrophe nicht erschüttert wurde. Die genannten Stellen rechtfertigten das Vertrauen der Reichsverwaltung durch die alsbaldige Aufstellung der Schottvorschriften für Passagierdampfer in außereuropäischer Fahrt, welche im Jahre 1896 als Unfallverhütungsvorschriften in Kraft traten. Es war dies die erste der großen Aufgaben, die der Germanische Lloyd als Hilfsorgan der See-Berufsgenossenschaft gelöst hat. Sie war die dringlichste, weil sich bei dem Unfall der »Elbe« herausgestellt hatte, daß die vorhandenen Schotten das schnelle Wegsinken des Schiffes nicht hatten verhindern können. Auf den materiellen Inhalt der Schottvorschriften kann ich hier nicht näher eingehen; ihnen liegt bekanntlich das Prinzip zugrunde, daß das Schiff auch beim Vollaufen einer bzw. zweier beliebiger Abteilungen schwimmfähig bleiben muß. Jedenfalls hat der Erlaß dieser Vorschriften das Gefühl größerer Sicherheit im Seeverkehr bei allen daran Beteiligten hervorgerufen und zur allgemeinen Beruhigung beigetragen.

Wie in der Schottenfrage, so hat auch bei allen späteren bedeutsamen Sicherheitsfragen die Reichsverwaltung daran festgehalten, die erforderlichen Anordnungen der See-Berufsgenossenschaft in Verbindung mit dem Germanischen Lloyd zu überlassen, indem sie diesen Stellen das Vertrauen schenkte, daß sie die Aufgaben sachgemäß und auch den sachlichen Absichten der Reichsverwaltung entsprechend zur Durchführung bringen würden. Formell wirkte die Reichsverwaltung nunmehr nur durch das Reichsversicherungsamt, die Aufsichtsbehörde der See-Berufsgenossenschaft, mit, welche nach dem Gesetze deren Unfallverhütungsvorschriften zu genehmigen hat. Das Reichsamt des Innern, die oberste Reichsbehörde für die Handelsschiffahrt, war formell an den einzelnen Anordnungen nicht beteiligt. Aber tatsächlich ist durch stete, besonders auch persönliche Fühlungnahme zwischen der Schiffahrts-Abteilung des Reichsamtes des Innern und der See-Berufsgenossenschaft sowie dem Germanischen Lloyd Vorsorge getroffen, daß die Sicherung der Seeschiffahrt, für die die Zentralbehörde des Reiches nach außen — namentlich parlamentarisch — immer verantwortlich bleiben mußte, auf dem vorbezeichneten Wege in vollem Maße gewährleistet wurde. Bei diesem System ist die Reichsregierung bis in die neueste Zeit verblieben und hat trotz mancher Angriffe im Reichstage, wo der Wunsch nach Staatsaufsicht und nach Errichtung eines Reichschiffahrtsamtes bei einzelnen Stellen immer wieder Vertretung findet, meines persönlichen Erachtens zu Recht daran festgehalten.

Damit erwuchs aber auch der Reichsverwaltung die Aufgabe, die Vorschriften der See-Berufsgenossenschaft und des Germanischen Lloyd in den internationalen Verträgen mit fremden Regierungen diesen gegenüber zur vollen Anerkennung zu bringen. Es ist dies mit Erfolg geschehen, zum Teil allerdings nach Überwindung gewisser Schwierigkeiten, da man in maßgebenden Seestaaten, so England und Frankreich, Selbstverwaltungsorgane wie die See-Berufsgenossenschaft für die Sicherung des Seeverkehrs nicht kannte und erst allmählich nach eingehender Kenntnisnahme von den deutschen Einrichtungen sich dazu verstand, die Gleichwertigkeit mit den b e h ö r d l i c h e n Anordnungen und Maßnahmen des eigenen Landes zuzugestehen.

Folgerichtig war es auch, daß die Reichsverwaltung in denjenigen Vorschriften, die sie nach Lage der Gesetzgebung außerhalb der Unfallverhütungsvorschriften für die Sicherheit der Seeschiffahrt selbst erlassen mußte, den Germanischen Lloyd unmittelbar, ohne das Dazwischentreten der See-Berufsgenossenschaft heranzog. So wurde in den vom Bundesrat zu erlassenden Vorschriften über Auswandererschiffe vom 14. März 1898 grundsätzlich vorgeschrieben, daß diese mindestens den Anforderungen der ersten Klasse des Germanischen Lloyd genügen müssen. Aus Rücksichten internationaler Gegenseitigkeit wurde daneben dem Reichskanzler die Befugnis gegeben, die entsprechende Klasse einer anderen Klassifikations-Gesellschaft zuzulassen. Selbstverständlich wurde auch in den vom Reiche mit dem Norddeutschen Lloyd und der Deutschen Ostafrika-Linie abgeschlossenen Reichspostdampferverträgen verlangt, daß diese die erste Klasse des Germanischen Lloyd besitzen müssen. Bei den vielen Besichtigungen von neueinzustellenden Reichspostdampfern, an denen ich im Laufe der Jahre teilgenommen habe, war bei der Niederschrift das erste, daß das Kassifikationszertifikat und das Maschinenzertifikat des Germanischen Lloyd vorgelegt wurden.

So ist der Germanische Lloyd über seine erste Aufgabe hinaus, die Bauvorschriften für die Seeschiffe und die Klassifikation für die Zwecke der Versicherung und Verfrachtung zu liefern, maßgebliches, aber durchaus selbständig gebliebenes Organ der Reichsverwaltung für die schiffbautechnischen Vorschriften zur Sicherung des Seeverkehrs geworden, wie er denn auch der Reichsverwaltung in jeder anderen geeigneten Beziehung, z. B. der Seeunfallstatistik, helfend zur Seite steht. In dieser

Stellung liegt auch die innerliche Berechtigung der – freilich nur sehr geringen – Entschädigung, die der Germanische Lloyd vom Reiche noch immer erhält, die den ursprünglichen Charakter der Unterstützung eines finanziell notleidenden Institutes zum Glück längst verloren hat, aber den Ausdruck gewisser geschäftlicher Beziehungen zur Reichsregierung bildet, die eines finanziellen Aequivalents wert sind.

Nach den Schottvorschriften schuf der Germanische Lloyd als bedeutendstes Werk die Freibordregeln zur Kontrolle des Tiefganges der Seeschiffe, deren Einführung als Unfallverhütungsvorschrift das besondere Verdienst des jetzigen Leiters der See-Berufsgenossenschaft, Herrn Richard Krogmann, ist. Während die Schottvorschriften gewissermaßen plötzlich infolge einer schweren Schiffskatastrophe entstanden, sind die Freibordregeln ein Produkt langjähriger Erörterungen und Erfahrungen. Die Störungen, denen der deutsche Frachtverkehr durch die Unterstellung unter die britischen Tiefladevorschriften in englischen Häfen ausgesetzt war, die häufig zur Anhaltung und zwangsweisen Leichterung führten, die billigen Vorwürfe, die von gewisser Seite beim Sinken angeblich überladener Schiffe aus dem Fehlen der den englischen entsprechenden Tiefgangsvorschriften erhoben werden konnten, und andere Umstände ließen in der See-Berufsgenossenschaft allmählich den Entschluß reifen, auch für die deutschen Schiffe solche Freibordregeln einzuführen, so technisch schwierig die Aufgabe auch erschien. Aber es sollte keine Arbeit vom grünen Tisch werden. Erst nach Ansammlung eines ausgiebigen Materials über die tatsächlich bisher eingehaltenen Tiefgänge unserer Schiffe und die dabei gemachten Erfahrungen erhielt der Germanische Lloyd Auftrag, formulierte Vorschriften auszuarbeiten. Die von diesem, zuerst unter dem hochverdienten Direktor Middendorf begonnenen, nach seinem plötzlichen Tode durch seinen Nachfolger Professor Pagel vollendeten Vorschriften, bei denen viele Interessengegensätze, insbesondere auch zwischen Nord- und Ostsee zu überwinden waren, haben eine überaus schwierige und wirtschaftlich sehr schwerwiegende Frage in glücklichster Weise gelöst, und zwar so, daß die englische Regierung sich bei einer Revision der britischen Freibordregeln den deutschen

Vorschriften wesentlich näherte. Dadurch wurde die wichtige Aufgabe erleichtert, die deutschen Vorschriften in England zur amtlichen Anerkennung zu bringen, was nach freundschaftlichen auf deutschem Boden in Hamburg geführten Verhandlungen zwischen deutschen und englischen Kommissaren durch eine königliche Verordnung vom 21. November 1908 geschah.

In weiterer Folge hat der Germanische Lloyd durch die Stabilitätsuntersuchungen für Fischdämpfer wichtige Arbeit geleistet, vor allem aber bei der Vorbereitung und Durchführung des von deutscher Seite zwar mit abgeschlossenen, aber infolge des Kriegsausbruches nicht mehr ratifizierten Titanic-Vertrages zum Schutze des menschlichen Lebens auf See in hervorragendem Maße mitgewirkt, namentlich in der sogen. Baukommission, in der Professor Pagel den Vorsitz führte. Auch in neuester Zeit, als infolge einer Reihe von Seeunfällen, insbesondere von Motorschonern, die Fragen der Stabilität in umfassender Weise wieder zur Erörterung gestellt wurden, hat der Germanische Lloyd die grundlegenden Arbeiten für die Vorschriften geliefert, die den Werften bei der Herstellung der Schiffe zur Pflicht machen, Stabilitätsberechnungen aufzumachen und dieses Material den Reedern bzw. Kapitänen zuzustellen, die dadurch in die Lage gesetzt werden, die Ladung den Stabilitätsverhältnissen des Schiffes besser anzupassen.

Hervorzuheben ist, daß bei allen diesen Aufgaben der Germanische Lloyd sich nicht allein und ausschließlich von technischen Gesichtspunkten leiten lassen durfte, sondern neben der Sicherheit des Seeverkehrs auch die Rücksicht auf die Rentabilität im Auge behalten mußte; denn ohne die von den Kosten abhängige praktische Durchführbarkeit ist eine Vorschrift wertlos.

Selbstverständlich verschließt sich der Germanische Lloyd nicht der gewaltigen Entwicklung der verschiedenen Zweige der Technik. Beispielsweise hat der Fortschritt der Funkentelegraphie, die bei den Sicherheitsvorschriften des Titanic-Vertrages schon eine wesentliche Rolle spielte, in der Zwischenzeit eine solche Ausdehnung erfahren, daß eine internationale Reedervereinigung neuerdings in London unter Anfechtung des Schlagwortes »Bootsraum für Alle« eine Revision der nach dem Stande dieser Technik nicht mehr gerechtfertigten Anforderungen hinsichtlich des mitzuführenden Bootsraumes verlangt hat. Zu dieser Frage wird auch der Germanische Lloyd Stellung nehmen müssen.

Es wird sich ferner fragen, ob nicht das Gebiet der Luftfahrt in die Tätigkeit des Germanischen Lloyd einzubeziehen sein wird. Ich bin nicht darüber unterrichtet, wie die parallelen Aufgaben, die sich bezüglich der Sicherung der Tüchtigkeit der Fahrzeuge zwischen Luftfahrt und Schiffahrt ergeben, nach Absicht der maßgebenden Stellen gelöst werden sollen. Jedenfalls liegt die Überlegung nahe, ob Organisationen, wie wir sie für die Seeschiffahrt im Germanischen Lloyd in höchster Vollkommenheit besitzen, nicht auch für diesen in so starker Entwicklung befindlichen Verkehrszweig nutzbar gemacht werden können.

Meine Herren! Ich habe in meinen bisherigen Ausführungen gemäß meinen persönlichen Beziehungen zum Germanischen Lloyd dessen Verhältnis zu der Reichsregierung bzw. zu der See-Berufsgenossenschaft in den Vordergrund gestellt. Auf die inneren Einrichtungen, durch die das Institut seine nächsten Zwecke als Klassifikationsanstalt verfolgt, einzugehen, muß ich verzichten. Was über Bauvorschriften, die Bedingungen zur Erlangung der Klasse und deren Erhaltung, die Kontrolle durch die Besichtiger, die Klassifikationsregister etwa zu sagen ist, werden die Artikel der Fachzeitschriften aus Anlaß des Jubiläums, das wir heute feiern, zur Kenntnis bringen.

Ich möchte zum Schlusse nur noch einige Worte über den Einfluß sagen, den der Weltkrieg auf den Germanischen Lloyd geübt hat. Der ungemeine Aufschwung der deutschen Handelsflotte hatte bis zum Kriegsbeginn den Germanischen Lloyd auf eine stolze Höhe gebracht. Ich hatte an früherer Stelle erwähnt, daß der Germanische Lloyd nach seiner Reorganisation im Jahre 1890 erst Schiffe von 590 000 Bruttoregistertonnen klassifiziert hatte, Bureau Veritas dagegen 4 200 000 Registertonnen. Durch den Beitritt der Hamburger Reeder verschob sich dieses Verhältnis bis zum Jahre 1900 auf 1 783 000 Registertonnen beim Lloyd und 3 700 000 Tonnen bei der Veritas.

Und am 1. Januar 1914 hatte der Lloyd mit 4520000 Tonnen die Veritas mit 4720000 Registertonnen so gut wie erreicht. Er unterhielt damals ein Personal von 104 Agenten und 175 Besichtigern neben 43 Köpfen in der Zentrale. Sein Budget (Gewinn- und Verlustkonto) balanzierte am 30. September 1914 mit über eine Million Mark. Der Stillstand des Handelsschiffbaues im Kriege, für die die Tätigkeit bei Kriegsschiffsbauten nur schwachen Ersatz bot, und sodann die Wegnahme der deutschen Handelsflotte nach dem Versailler Frieden gaben natürlich auch dem Germanischen Lloyd einen Stoß. Die Einnahmen aus den laufenden Besichtigungen verringerten sich erheblich. Angesammelte Reserven verloren ihren Wert durch die Inflation. Aber der allmähliche Wiederaufbau der Handelsflotte brachte wieder Leben in die Tätigkeit des Instituts. Am 1. Januar 1927 war die Zahl der klassifizierten Schiffe bereits wieder auf 3879000 Registertonnen, darunter deutsche mit 3033000 Registertonnen, d. i. 89% der deutschen Handelsflotte, gestiegen, während das Bureau Veritas 5824000 Registertonnen zu verzeichnen hat. In der Zahl der Besichtiger und Agenten hat sich der Lloyd — durchaus im Einklang mit der herrschenden Sparsamkeitsbewegung — beschränkt; er beschäftigt zurzeit in Deutschland 46 Besichtiger, im Ausland 69 Besichtiger und 65 Agenten.

Alles in allem können wir hoffen, daß beim Eintritt in ein neues Jahrzehnt der Germanische Lloyd weiterhin eine kraftvolle Entwicklung nehmen wird. Wir wissen, daß das Schicksal großer Institute im Erwerbsleben neben anderem wesentlich von den Männern abhängt, die zu ihrer Leitung berufen sind. Wir gedenken deshalb heute dankbar derjenigen, die durch Tatkraft und Umsicht nicht nur die deutsche Schiffsklassifikationsanstalt ins Leben gerufen, sondern sie in den Kämpfen des wirtschaftlichen Lebens gehalten und zur Erstarkung gebracht haben, und bekunden ihnen unsere Hochschätzung und Verehrung. Einen Teil von denen, die nicht mehr am Leben, namentlich Schüler, Howaldt, Ulrich, Middendorf, Pagel, Schlick vom Vorstande, Wätjen und Wessels vom Aufsichtsrat, habe ich noch persönlich gekannt. Aber auch die weiter zurückliegenden Namen Behn und Paetow verdienen Erwähnung.

Wie ihnen, so vertrauen wir auch den heute an der Spitze des Instituts stehenden Herren, daß sie es verstehen, das Überkommene nicht nur zu erhalten, sondern auch der Entwicklung des Verkehrslebens entsprechend auszugestalten. Geschieht dies, dann wird der Germanische Lloyd sein und bleiben, was er ist: eine kraftvolle Stütze der deutschen Schiffahrt.

Ansprache des Vorsitzenden des Aufsichtsrates
des Germanischen Lloyd

Bürgermeister a. D. Dr. jur. Clemens Buff-Bremen

✻

Meine hochverehrten Herren!

Bevor ich Sie begrüße, möchte ich eine Pflicht der Dankbarkeit erfüllen und Exzellenz von Jonquières unser Aller herzlichsten Dank aussprechen für den einleitenden Vortrag zu dieser festlichen Veranstaltung. Sie haben, Exzellenz, teilweise aus reichen Erfahrungen ein Bild der Geschichte des Germanischen Lloyd geben können und sind dadurch vor allen Anderen bevorzugt gewesen, uns diese Mitteilungen aus der Geschichte des Germanischen Lloyd zu machen. So ist auch für mich die Aufgabe, von der Geschichte des Germanischen Lloyd zu sprechen, erledigt, nachdem Exzellenz von Jonquières, der Sachkenner ist, zu uns gesprochen hat.

Ich möchte nun, nachdem ich diesen Dank abgestattet habe, alle Vertreter der Reichsbehörden, der Preußischen Behörden, alle Vertreter der deutschen Schiffahrt, der deutschen Luftfahrt, des deutschen Schiffbaues und alle Vertreter der Interessenverbände hier auf das herzlichste begrüßen und ihnen danken, daß sie unserer Einladung zu dieser Veranstaltung gefolgt sind. Wir haben, meine Herren, am heutigen Tage so viele Beweise der Anerkennung und der Zustimmung zu der Tätigkeit des Germanischen Lloyd bekommen, daß wir tatsächlich gerührt sind durch eine so überaus große Freundlichkeit, und die zahlreichen Blumenarrangements sind mit der höchsten Klasse zu klassifizieren. Allen denen, die so freundlich des Germanischen Lloyd in der Vergangenheit in Glückwunschtelegrammen und Briefen gedachten und zugleich die Hoffnungen für die günstige Entwicklung in der Zukunft darin zum Ausdruck gebracht haben, allen Denen sage ich namens des Vorstandes und Aufsichtsrates den herzlichsten Dank!

Meine Herren! Exzellenz von Jonquières hat ja über das Jahr 1867 berichtet, also das Jahr, in dem eigentlich — kann man sagen — der Germanische Lloyd aus der Wiege gehoben wurde. Ich persönlich möchte hier in dieser großen Versammlung nochmals betonen, daß Bremen der Hauptanreger dieser Neugründung gewesen ist, und ich gedenke dabei des Herrn Christel Wätjen, des Vaters unseres Aufsichtsratsmitgliedes, des Generalkonsul Wätjen, der einer von denen gewesen ist, die sich mit voller Wucht und voller Energie dafür eingesetzt haben, daß man vom Bureau Veritas und vom Englischen Lloyd abgekommen ist, und ich glaube, die Bremer Herren haben ein gutes Werk getan, wie die Weiterentwicklung der Dinge gezeigt hat. Man wird mit Vertrauen auf die Zukunft hinblicken können, nach dem, was die Vergangenheit gebracht hat. Damals, als vor zehn Jahren, am 16. März 1917, der Gedenktag des 50jährigen Bestehens des Germanischen Lloyd erschienen war, hat man tief bedauert, daß dieser Tag in die schwere Zeit des großen Weltkrieges gefallen ist. Damals hat der Vorstand dem Aufsichtsrat einen Bericht über die Vergangenheit gegeben. Als ich diesen Bericht vor wenigen Tagen durchsah, wurde ich tief bewegt, als ich an die Stelle kam, wo von der Tätigkeit im großen Kriege gesprochen wurde, und wo es am Ende dieses Teiles heißt: »Für die Übergangs- und erste Friedenszeit ist unsere Mitwirkung bei der Instandsetzung und Rückgabe der Kriegshilfsschiffe an die Reedereien gleichfalls in Aussicht genommen worden.« Damals waren die Verfasser dieses Berichts mit Tausenden von Deutschen auch noch der Auffassung, daß es uns doch noch gelingen würde, die Meute der Feinde siegreich aus dem Felde zu schlagen. Das ist dann durch den Ausgang des Krieges Alles anders gekommen. — Damals hat der Vorstand die Schlußworte in dem Bericht wie folgt gefaßt: »Dieser Rückblick dürfte zeigen, daß es dem Germanischen Lloyd in stetem Fortschreiten gelungen ist, den Aufgaben gerecht zu werden, die einer Schiffsklassifikationsgesellschaft obliegen. Das Ansehen des Germanischen Lloyd erscheint in den Schiffahrtskreisen des In- und Auslandes fest gegründet, und es besteht Grund zu der Annahme, daß auch die deutsche Reichsregierung die seinerzeit auf den Germanischen Lloyd gesetzten Erwartungen für erfüllt ansieht. Dieser Erfolg darf den Germanischen Loyd am Tage des Rückblickes auf eine 50jährige Wirksamkeit mit hoher Befriedigung erfüllen und wird ihm ein Ansporn sein, den bisher beschrittenen Weg weiter zu verfolgen.« Zehn Jahre, seitdem diese Schrift geschrieben ist, sind vergangen. Aber ich möchte sagen, der Vorstand könnte heute dasselbe aussprechen, und Exzellenz von Jonquières hat uns ja in diesem Sinne auch die Situation geschildert. Ich bin überzeugt, daß der bis 1917 beschrittene Weg auch bis 1927 verfolgt wurde und auch in weiteren Jahren — so Gott will — verfolgt werden wird.

Ich begrüße Sie nochmals auf das allerherzlichste und gebe mich der Hoffnung hin, daß Sie eine freundliche Erinnerung an das 60jährige Jubiläum des Germanischen Loyd mit nach Hause nehmen, und daß Sie uns im Gedenken an diesen Abend eine gute Klasse geben.

Also nochmals herzlichst willkommen!

✳

Begrüßungstelegramm des
Reichsverkehrsministers Dr. Koch, Berlin

*

u meinem lebhaftesten Bedauern hindern mich wichtige Beratungen, bei Ihrem Feste persönlich zu erscheinen. Ich möchte daher wenigstens auf diesem Wege meinen besten Wünschen für ein weiteres segensreiches Wirken des Germanischen Lloyd Ausdruck verleihen.

Wer die Entwicklung rückschauend überblickt, die die deutsche Volkswirtschaft und besonders die deutsche Schiffahrt dem gewaltigen Aufschwung der deutschen Ingenieurkunst verdankt, wird dem Germanischen Lloyd ein besonderes Ruhmesblatt widmen müssen. Aus der Privatinitiative deutscher Reeder entstanden, hat der Germanische Lloyd seit der Gründung des Deutschen Reiches sich mit Recht der Förderung einer jeden Reichsregierung zu erfreuen gehabt. Bedeutete er doch die Freimachung der deutschen Schiffahrt von ausländischer Begutachtung, stellte er doch eine deutsche Anstalt dar, deren Aufgabe war, neben Reederei und Werft zu stehen und die Baupläne und den Baufortgang der deutschen Schiffe zu überwachen im Dienste der Herstellung gegenseitigen Vertrauens zwischen Bauherr und Erbauer. Hohe Sachkunde und echt deutsche Gründlichkeit haben es dazu gebracht, daß die Qualität der unter der Bauaufsicht des Germanischen Lloyd geschaffenen und von ihm mit einer Klasse beliehenen Schiffe in der ganzen Welt anerkannt wurde. Die Versicherungsunternehmungen und die großen Kreditinstitute, für deren geschäftliche Sicherheit die Seetüchtigkeit der von ihnen versicherten oder beliehenen Schiffe und der Schiffe, an deren Ladungen sie interessiert sind, eine lebenswichtige Vorbedingung bedeutet, haben wesentlich dabei mitgewirkt, daß die deutschen Reeder in steigendem Maße dazu übergingen, ihre Schiffe bei dem Germanischen Lloyd klassifizieren zu lassen, da die Ausgestaltung der Versicherungs- und Kreditbedingungen auf Grund der gemachten Erfahrungen immer mehr von dieser Klasse abhängig wurden. So wirkte sich die Arbeit des Germanischen Lloyd höchst segensreich im Interesse der Verminderung vermeidbarer Risiken für die deutsche Volkswirtschaft aus.

Aber sein Wirken blieb nicht auf Deutschland beschränkt. Mehr und mehr gelang es, auch das Ausland von dem Werte dieses deutschen Institutes zu überzeugen und die Anerkennung der Klasse des Germanischen Lloyd durch fremde Regierungen zu erreichen.

So sehen wir den Germanischen Lloyd heute vor uns, trotz des Weltkrieges mit seinen schlimmen Folgen in ungebrochener Kraft. Mit Bewunderung können wir unterstreichen, daß es ein Organismus in freier kaufmännischer Form gewesen ist, der den germanischen Gedanken genossenschaftlicher Zusammenarbeit hier in neuer Form zum Siege gebracht hat.

Möge es dem Germanischen Lloyd bis in ferne Zukunft vergönnt sein, seine Tätigkeit zum Segen einer hochwertigen Fortentwicklung des deutschen Schiffbaues zur Stärkung des Vertrauens in die deutsche Seeschiffahrt fortzuführen, möge der Germanische Lloyd dabei ein Sinnbild bieten für Alle, denen das Wohl des deutschen Vaterlandes am Herzen liegt. Einigkeit im Innern, höchste Entfaltung aller deutschen Geistesgaben nach außen müssen dann dem deutschen Volke wieder zu dem Ansehen verhelfen, das zu erzielen unser Herzenswunsch ist.

Reichsverkehrsminister Dr. Koch

*

Ansprache des
Admiral Zenker, Exzellenz
Chef der Marineleitung des Reichswehrministeriums, Berlin

*

Meine hochverehrten Herren!

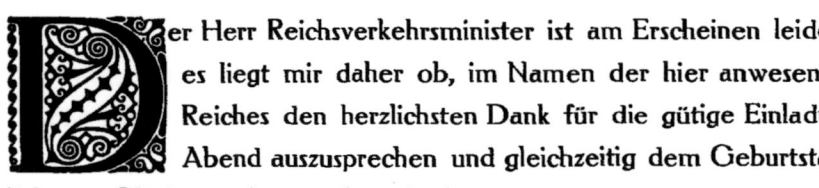er Herr Reichsverkehrsminister ist am Erscheinen leider verhindert, und es liegt mir daher ob, im Namen der hier anwesenden Vertreter des Reiches den herzlichsten Dank für die gütige Einladung zum heutigen Abend auszusprechen und gleichzeitig dem Geburtstagskinde die herzlichsten Glückwünsche zu übermitteln.

Exzellenz von Jonquières hat in seinem Vortrag dargetan, in welch außerordentlich engen Beziehungen der Germanische Lloyd zu dem Staate steht.

Meine Herren! Ich möchte mir gestatten, noch auf eine andere Beziehung hinzuweisen. Es ist wohl unbestritten, daß kein Verkehrsmittel auf der ganzen Welt einen so engen und täglichen Verkehr zwischen den Nationen herstellt, wie die Seeschiffahrt, und daraus folgt, daß ein Volk auf das andere schließt nach seiner ganzen Art und Weise, sich zu geben, nach seiner Art und Weise, etwas zu leisten, zum größten Teil aus dem Anblick, den die fremden Schiffe in den Häfen gewähren. Wenn die deutsche Seeschiffahrt vor dem Kriege und jetzt auch wieder einen so hohen Stand erreicht hat, wenn sie nicht nur, was ihr Personal anlangt, nicht nur, was ihren Betrieb anlangt, sondern auch, was ihr Schiffsmaterial anbetrifft, sich eine weit über das gewöhnliche Maß hinausgehende Anerkennung in der ganzen Welt erworben hat, so glaube ich, muß man dem Germanischen Lloyd auch ein gut Teil des Verdienstes daran zubilligen. Der Germanische Lloyd ist – ich muß ja sagen – leider! – ein Veilchen, das im Verborgenen blüht, denn die Allerwenigsten unserer

Volksgenossen können sich ein Bild machen von den wichtigen Aufgaben, die dem Germanischen Lloyd für die Entwicklung und den Betrieb der deutschen Seeschifffahrt obliegen. Aber deswegen müssen wir erst recht anerkennen und dankbar sein für das, was der Germanische Lloyd dabei geleistet hat für das Ansehen der ganzen Nation in der Welt, und so wenig an sich unmittelbar die Marine auch mit dem Germanischen Lloyd zu tun hat — denn wir kennen keine Klassifikation für Kriegsschiffe — so haben wir doch mittelbar allen Anlaß, dankbar zu sein für die große Erziehungsaufgabe, die er an unserem Schiffbau geleistet hat und noch leistet.

Ich möchte die Gäste des Germanischen Lloyd bitten, mit mir ihr Glas zu erheben und zu trinken auf das Wohl des Geburtstagskindes und der Hoffnung und dem Wunsch Ausdruck zu geben, daß der Germanische Lloyd seine Aufgaben im Interesse der deutschen Seeschiffahrt und der ganzen Nation weiter wie bisher vollführe und weiterhin wachse, blühe und gedeihe!

Hurra! Hurra! Hurra!

Ansprache des

Staatssekretärs z. D., Dr. Ing. ehr. Müller

Verwaltungsdirektor der See-Berufsgenossenschaft, Hamburg

Meine hochverehrten Herren!

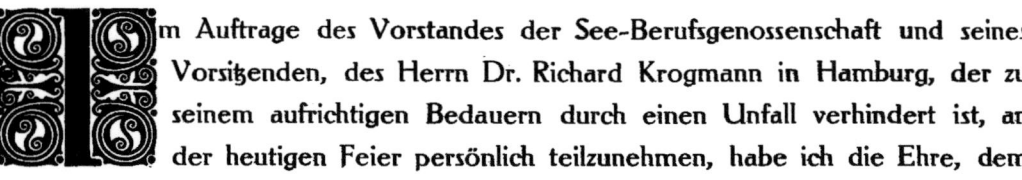m Auftrage des Vorstandes der See-Berufsgenossenschaft und seines Vorsitzenden, des Herrn Dr. Richard Krogmann in Hamburg, der zu seinem aufrichtigen Bedauern durch einen Unfall verhindert ist, an der heutigen Feier persönlich teilzunehmen, habe ich die Ehre, dem Aufsichtsrat und der Direktion des Germanischen Lloyd beim Eintritt in das siebente Jahrzehnt seiner segensreichen Tätigkeit die aufrichtigsten und von ganzem Herzen kommenden Glückwünsche des Vorstandes und der Verwaltung der See-Berufsgenossenschaft darzubringen.

Nach den ausgezeichneten Ausführungen, die Exzellenz von Jonquières über das Verhältnis des Germanischen Lloyd zur See-Berufsgenossenschaft und über das Zusammenwirken des Germanischen Lloyd mit letzterer in den Fragen der Unfallverhütung gemacht hat, bin ich einer Darlegung der sachlichen Belange enthoben, die die See-Berufsgenossenschaft mit dem Germanischen Lloyd verbinden. Sie haben das den Worten des Herrn von Jonquières entnommen, und ich könnte es wahrlich nicht besser wiedergeben.

Die See-Berufsgenossenschaft betrachtet den Germanischen Lloyd als seine beste und seine erste Beratungsstelle in allen Fragen der Sicherheit der Seeschiffahrt. Ich brauche nur an Schotten und Freibord zu erinnern, über die Exzellenz von Jonquières eingehend referiert hat, und aus neuester Zeit Lösch- und Ladegeschirr hinzufügen, dessen eingehende Prüfung, wie sie neuerdings gefordert wird, von den

Reedern zwar nicht immer als besondere Annehmlichkeit empfunden wird, die aber gleichfalls der Germanische Lloyd übernommen hat und – wie ich hoffe – auch zur Zufriedenheit aller Kreise durchführen wird.

Dieses enge Arbeitsverhältnis, das die See-Berufsgenossenschaft mehr als dreißig Jahre mit dem Germanischen Lloyd verbindet, ist entsprungen aus demselben Nährboden, nämlich: der deutschen Schiffahrt die größt- und höchstmögliche Sicherheit auf See zu geben, einmal im Interesse der Schiffsbesatzung und der Ladung, dann aber auch ganz allgemein im Interesse des deutschen Seemannsberufs und der deutschen Seeschiffahrt überhaupt.

Unter dem Geschwisterpaar Germanischer Lloyd und See-Berufsgenossenschaft ist zwar der erstere 32 Jahre älter als wir. Unter zwei im Alter so weit auseinanderliegenden Brüdern ist das Verhältnis nicht immer gleich freundlich, eben weil der Altersunterschied zu groß ist. Im vorliegenden Falle trifft es indessen nicht zu, daß im Laufe der Jahre des Altersunterschiedes wegen Differenzen entstanden sind, oder wir uns – wie dies bei Geschwistern häufig vorkommt – mehr oder weniger entfremdet haben. Ich kann aus den Akten der See-Berufsgenossenschaft, die ich in der Erwartung, irgend eine Störung zu finden, durchstudiert habe, nur bestätigen, daß niemals irgendwelche ernstlichen Differenzen und Meinungsverschiedenheiten zwischen unserer Genossenschaft und dem Germanischen Lloyd verzeichnet sind, und ich kann auf Grund meines Aktenstudiums gleichfalls bestätigen, daß der Germanische Lloyd der See-Berufsgenossenschaft nicht nur in strenger, objektiver, wissenschaftlich-technischer Forschung stets mit Rat und Tat in den großen Fragen, die Exzellenz von Jonquières berührt hat, zur Seite gestanden hat und mit uns durch dick und dünn gewandert ist, sondern daß der Germanische Loyd auch uns in den kleinen Sorgen des täglichen Lebens jederzeit treulich beraten hat und uns dadurch die Erreichung der Ziele erleichtert, die uns durch die Reichsversicherungsordnung und Reichsgesetzgebung aufgegeben sind. Es ist deshalb nicht bloß unsere Pflicht, sondern ein von Herzen und aus innerster Überzeugung kommendes Bedürfnis, dem Germanischen

Lloyd anläßlich seines heutigen Jubelfestes den wärmsten und aufrichtigsten Dank zu sagen für all das, was er in den letzten drei Jahrzehnten im Interesse der Sicherheit der Seeschiffahrt getan hat, und dabei das Gelöbnis abzugeben, daß wir auch in Zukunft unsererseits treu an der Seite des Germanischen Lloyd weiterarbeiten wollen, und den Germanischen Lloyd bitten, uns diese treue Brüderschaft auch seinerseits für die nächsten Jahrzehnte zu erhalten. Nur dadurch wird erreicht, daß die größtmögliche Sicherheit der deutschen Seeschiffahrt, die deren Ansehen und Einschätzung in der Welt auf eine überall anerkannte hohe Stufe stellt, auch künftighin gewährleistet bleibt, wie es in den letzten Jahrzehnten unbestritten der Fall gewesen ist.

Wenn das Verhältnis zwischen See-Berufsgenossenschaft und dem Germanischen Lloyd ein ungetrübtes und lediglich der Sache dienliches gewesen ist, so verdanken wir das in erster Linie mit der Leitung des Germanischen Lloyd und den persönlichen Eigenschaften derjenigen, die in den langen Jahren an der Spitze des Germanischen Lloyd gestanden haben, den Mitarbeitern und Angestellten in den Bureaus des Germanischen Lloyd sowohl in der Zentrale wie im Außendienst, seinen technischen Leitern und Aufsichtsbeamten, die uns stets unterstützen und — wie ich nochmals betone — uns jederzeit objektiv und der Sache dienend von technisch-wissenschaftlicher Warte aus unentwegt ihren Rat zur Verfügung stellen.

Ich darf noch aus persönlicher Erinnerung heraus einen Punkt berühren, der mit der See-Berufsgenossenschaft nichts zu tun hat, der mir aber aus der Kriegszeit her in Erinnerung ist und mich in eine Zeit zurückführt, in der ich die Ehre hatte, stellvertretender Aufsichtsratsvorsitzender der Zentraleinkaufsgesellschaft zu sein. Da entsinne ich mich, daß der Germanische Lloyd, von dem ich damals die Meinung hatte, daß er lediglich für die Handelsschiffahrt und für das große Wasser da wäre, uns bei der Schiffahrt auf der Donau sowohl hinsichtlich des Baues von Schiffen als auch hinsichtlich ihrer Eignung und Fahrt mit Rat und Tat zur Seite gestanden hat. Die Zentraleinkaufsgesellschaft ist heute liquidiert, und es ist niemand mehr da, der dem Germanischen Lloyd den Dank für seine damalige aufopfernde Tätigkeit aussprechen kann. Ich bin aber überzeugt, daß ich im Sinne aller Herren des damaligen Aufsichtsrats, Verwaltungsrats und der Direktion der Zentraleinkaufsgesellschaft spreche, wenn ich beim heutigen Feste dem Germanischen Lloyd auch für diese auf dem Gebiet der Binnenschiffahrt liegende Beratung und Tätigkeit Dank und Anerkennung ausspreche.

Ich glaube, daß ich den Dank und die Verehrung, die ich persönlich und die von mir vertretene See-Berufsgenossenschaft für den Germanischen Lloyd hegen, nicht besser zum Ausdruck bringen kann, als daß ich Sie bitte, Ihr Glas zu erheben und mit mir ein Hoch auszubringen auf die Direktion des Germanischen Lloyd, seine sämtlichen Mitarbeiter, Angestellten und technischen Aufsichtsbeamten.

Sie Alle leben hoch, hoch, hoch!

Ansprache des
Konsul A. Kunstmann
Mitglied des Präsidiums des Verbandes Deutscher Reeder, Stettin

*

Meine hochverehrten Herren!

amens des Verbandes Deutscher Reeder, der Vertretung der gesamten deutschen Reederei, habe ich die hohe Ehre, dem Germanischen Lloyd zur Feier seines 60jährigen Bestehens die aufrichtigsten und herzlichsten Glückwünsche der deutschen Reederei auszusprechen.

Aus berufenem Munde ist von Exzellenz von Jonquières eingehend die Bedeutung unseres Jubilars geschildert worden, und es bleibt mir nur übrig zu betonen, welche außerordentliche Wichtigkeit der Germanische Lloyd in den 60 Jahren seines Bestehens insbesondere für die deutschen Reeder erlangt hat und den Dank der deutschen Reederei für all das abzustatten, was der Germanische Lloyd in diesen 60 Jahren unmittelbar Gutes für die deutschen Reeder bewirkt hat.

Gegründet aus dem Bestreben heraus, die entstehende deutsche Seeschiffahrt des werdenden Deutschen Reiches in ihrer Gesamtheit – und zwar Verlader, Versicherungsgesellschaften und Reeder – unabhängig von den damals überragenden ausländischen Klassifikations-Gesellschaften zu machen, hat der Germanische Lloyd der deutschen Reederei ganz besonders die unschätzbarsten Dienste hinsichtlich der Vervollkommnung des deutschen Schiffsmaterials geleistet. Wenn auch die Klassifikations-Bestimmungen des Germanischen Lloyd von manchen Reedern im Anfang begreiflicherweise, da ja diese Vorschriften nicht ohne entsprechende Mehrkosten verwirklicht werden konnten, – sagen wir es ganz offen – vielfach als überflüssig und als drückend empfunden worden sind, so hat doch diese unbestechliche, nur von sachlichen Motiven geleitete Durchführung der Klassifikations-Bestimmungen des Germanischen Lloyd die nicht hoch genug einzuschätzende Wirkung gehabt, daß die nach den Vorschriften des Germanischen Lloyd gebauten Schiffe, insbesondere die Passagierschiffe, schon von vornherein einen ganz besonders guten Ruf als bestgebaute und sicherste Seeschiffe erhielten. Durch sein verständnisvolles Eingehen auf alle technischen Neuerungen hat der Germanische Lloyd insbesondere sehr wesentlich dazu beigetragen, daß die nach dem unglücklichen Kriege vollkommen vernichtete deutsche Flotte in einer technischen Vervollkommnung wieder aufgebaut worden ist, die die Anerkennung und Bewunderung der ganzen Welt erweckt hat.

Der Verband Deutscher Reeder spricht durch mich die Hoffnung aus, daß der Germanische Lloyd durch sein harmonisches Zusammenarbeiten mit allen in Frage kommenden Faktoren an dem weiteren Ausbau der deutschen Seegeltung auch in Zukunft so maßgebend beteiligt sein möge, und wünscht dem Jubilar ein ferneres glückhaftes Bestehen zum Heile der gesamten deutschen Schiffahrt und des deutschen Vaterlandes.

Gleichzeitig erlaube ich mir, auch im Namen des Deutschen Nautischen Vereins dem Germanischen Lloyd die herzlichsten Glückwünsche zu übermitteln.

Ich bitte Sie, meine Herren, nun Ihr Glas zu erheben und in ein »Hoch« für den Germanischen Lloyd mit mir einzustimmen:

»Der Germanische Lloyd lebe hoch, hoch, hoch!«

Ansprache des
Geheimen Bergrats, ord. Professor Dr. Stavenhagen,
Magnifizenz, Rektor der Technischen Hochschule, Berlin

*

Meine hochverehrten Herren!

Im Namen der Technischen Hochschule, der Abteilung für Schiffbau, des Vereins Deutscher Ingenieure, des Vereins deutscher Eisenhüttenleute, der Schiffbautechnischen Gesellschaft, des Vereins der Schiffswerften, des Vereins der Flußschiffswerften und der Wissenschaftlichen Gesellschaft für Luftfahrt möchte ich dem Germanischen Lloyd die besten Grüße und herzlichsten Glückwünsche überbringen.

Die Beziehungen, die zwischen den obengenannten Gesellschaften und dem Germanischen Lloyd bestehen, im einzelnen zu schildern, würde die mir zur Verfügung stehende Zeit bei weitem überschreiten. Ich erlaube mir, nur einige Beispiele hier anzuführen, z. B. die der Abteilung für Schiffbau. Da möchte ich nur die Namen Middendorf, Pagel, Laas nennen, um die enge Verbindung hier klarzulegen. Wenn ich von dem Verein Deutscher Ingenieure die Glückwünsche zu überbringen hatte, da brauche ich nur das eine Wort zu nennen: Normen. Wer im Kriege Gelegenheit hatte — allerdings nicht auf dem großen Wasser, sondern auf der Erde — zu ermessen, was dieses Wort in der Technik bedeutet, der wird auch das Zusammenwirken, das zwischen dem Verein Deutscher Ingenieure und dem Germanischen Lloyd sich angebahnt hat oder besteht, ganz verstehen.

Dann die Wissenschaftliche Gesellschaft für Luftfahrt. — Aus berufenem Munde wurde mir mitgeteilt, daß sie mit dem Germanischen Lloyd die Arbeit zusammen aufgenommen habe. Wer die Wichtigkeit dieses Zusammenwirkens erkennt, der wird auch die Bedeutung dieses Zusammenarbeitens voll und ganz ermessen können.

Meine hochverehrten Herren! Während seines Bestehens ist es dem Germanischen Lloyd gelungen, die für die Entwicklung der Schiffahrt so notwendigen Aufgaben einer Klassifikationsgesellschaft in hervorragender Weise zu lösen. Es wird hier ein 60jähriges Jubiläum gefeiert. Das ist kein häufiges Fest, sondern man begnügt sich in der Regel, 25jähriges und 50jähriges Jubiläum zu feiern. Aber ich glaube, daß der Germanische Lloyd gerade ein ganz besonderes Recht hat, das 60jährige Jubiläum zu feiern, weil die letzten zehn Jahre nach dem Kriege und der Ablieferung fast der gesamten Handelsflotte an die Entente besonders geeignet sind, ein Bild von dem Erfolge und von der Tätigkeit des Germanischen Loyd zu geben. Unsere wirtschaftliche Entwicklung ist noch weit von dem erwünschten Ziel entfernt, das wir erreichen wollen und das wir erreichen müssen. Aber wenn wir die Erfolge und die Errungenschaften der deutschen Technik, gerade auch in der letzten Zeit, ins Auge fassen, — ich will nur an die großen Errungenschaften und Forschungsergebnisse auf dem Gebiet der Kohlenchemie erinnern, die vielleicht geeignet sind, auf die gesamte Technik einen Einfluß auszüben, wie er bisher noch nie stattgefunden hat —, so scheinen mir diese Errungenschaften ganz besonders ein sicherer Beweis dafür zu sein, daß wir auf dem richtigen Wege sind, das Ziel, das wir uns für unsere Wirtschaft gesetzt haben, auch zu erreichen. Es sind gute Wege, auf denen wir uns befinden, und der Germanische Lloyd hat nicht wenig dazu beigetragen. Es wurde schon aus berufenem Munde verkündet, welche Bedeutung der Schiffsverkehr zwischen den einzelnen Nationen besitzt. Dadurch, daß er auch hier das Seinige beitrug, hat sich der Germanische Lloyd ein hervorragendes Verdienst erworben.

Ich bin nur Laie auf dem Gebiet der Schiffahrt. Ich habe höchstens das größte Vergnügen meines Lebens darin gesehen, hin und wieder auf dem großen Wasser fahren zu dürfen. Aber ich fühle doch ganz die Bedeutung, die in all dem liegt, und so möchte ich den Germanischen Lloyd zur Feier seines 60jährigen Bestehens mit dem alten Bergmannsruf begrüßen, mit dem Ruf »Glück auf«! der Zukunft des Germanischen Lloyd!